María Ángeles Ciordia
Silvia Berrade

# Entre poemas y pinturas

**Ricardo Vergara
Ediciones**

Entre poemas y pinturas / Silvia Berrade ; María Ángeles Ciordia. - 1a ed. - Ciudad Autónoma de Buenos Aires : RV Ediciones, 2021.
80 p. ; 20 x 14 cm.

1. Poesía Argentina. 2. Pintura. I. Ciordia, María Ángeles. II. Título.
CDD A861

Coordinación de Producción y Edición: Ricardo Vergara
Te: 116-231-2760
E-mail: edicionesvergara@gmail.com
Facebook: Ricardo Vergara
Colegiales, Buenos Aires, República Argentina


María Ángeles Ciordia
E-mail: maeciordia@hotmail.com

Ilustraciónes: Silvia Berrade
www.berradesilvia.com.ar


Queda hecho el depósito que marca la ley 11.723
Impreso en Argentina - Printed in Argentina
Impreso en Imprenta Dorrego, Ciudad de Buenos Aires
en el mes de febrero de 2021


Todos los derechos reservados
® Ricardo Vergara Ediciones
® Silvia Berrade y María Ángeles Ciordia

# Índice de poemas

*Poema Nº:*

1..................................................................7
2..................................................................11
3..................................................................12
4..................................................................13
5..................................................................14
6..................................................................15
7..................................................................16
9..................................................................18
10................................................................21
11................................................................22
12................................................................23
13................................................................24
14................................................................25
15................................................................26
16................................................................29
17................................................................30
19................................................................32
20................................................................33
21................................................................37
22................................................................38
23................................................................39
24................................................................40
25................................................................41
26................................................................45
27................................................................46
28................................................................47

| | |
|---|---|
| 29 | 48 |
| 30 | 51 |
| 31 | 52 |
| 32 | 53 |
| 33 | 54 |
| 34 | 55 |
| 35 | 56 |
| 36 | 59 |
| 37 | 63 |
| 38 | 64 |
| 39 | 67 |
| 40 | 68 |
| 41 | 69 |
| 42 | 73 |
| 43 | 74 |
| 44 | 77 |
| 45 | 78 |

## 1.

Desvelo,
haces de luz en la penumbra.
Extraño nadar,
los cafés que huelen a voces,
un otro espacio.
Encierro inmóvil,
dejame ser espontánea,
inquieta.
Dejame jugar.

Entre poemas y pinturas

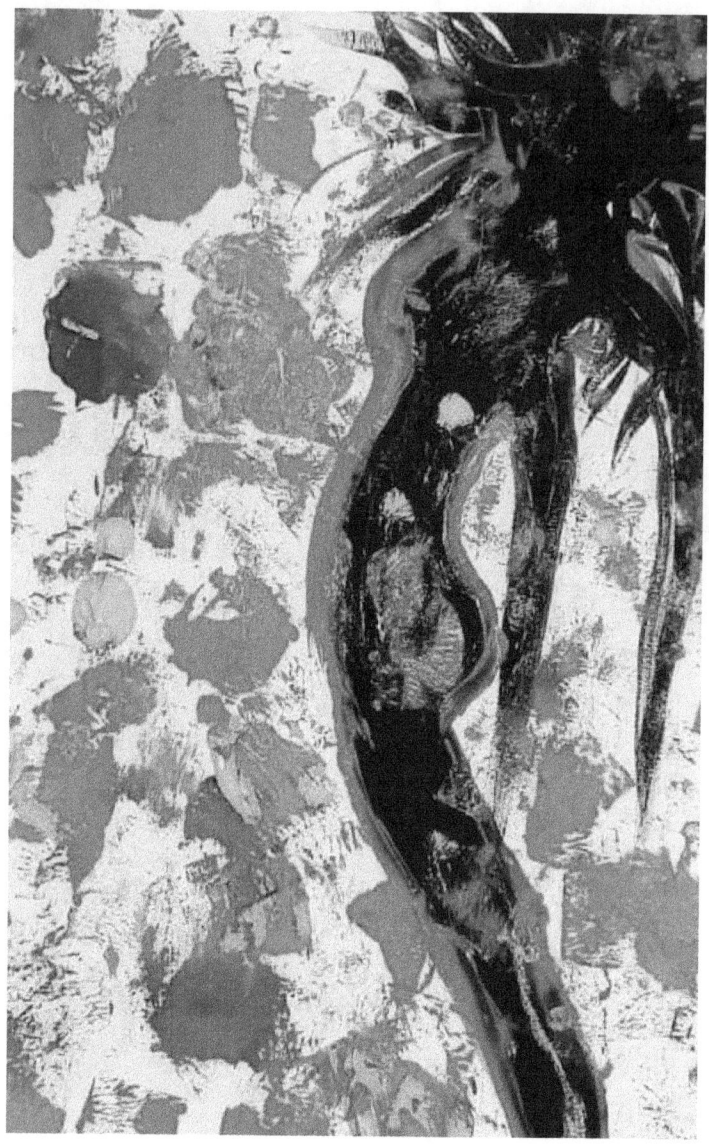

Grito de cuarentena

## 2.

Hilvanando horas,
días, meses.
El porvenir se acerca
con pudor.
Las pantallas hurtan
los cuerpos,
escamotean vida,
pero tu voz habla de amor.
Espero la vejez nos dé tregua
para el encuentro,
papá.

## 3.

La vida resuena
en un caracol.
El tiempo rueda
en espiral.
Suspendidos,
con poco aire,
inhalamos esperanza
y exhalamos temor.

## 4.

Rehén de sus recuerdos
sepultó los sentidos
en estrellas fugaces.
Y así anduvo,
sin mirar, sin oír, sin tocar,
caminando una y otra vez
los senderos de su mente.

## 5.

Desvencijado y maloliente,
su rostro presumía tristeza.
La copa vacía,
testigo del desamor,
lo acompañaba en silencio,
sin verter opinión.

## 6.

Acarició su espalda,
recorrió sus caderas,
exploró su piel,
se posó en sus labios
y los besó como antaño.
Un escalofrío lo detuvo
y se despertó angustiado,
recordándola muerta.

## 7.

La silueta púrpura
avanzaba burbujeante,
con una sensual
y potente cadencia.
Él apartó su mirada.
Hace tiempo que estaba gris,
tieso, inerme.
Lo erótico había prescripto.

8.


Pisa pisuela,
me vestí con lentejuelas
y a jugar a la Rayuela.
Un, dos, tres,
del derecho y del revés.
Toco el cielo
y me alegro,
no me caigo
porque pierdo.
Pisa pisuela,
hoy me quedo
con mi abuela.

## 9.

Una vasija con fisuras,
pedazos rotos esparcidos,
otros faltantes.
Conservando a pesar de todo
la belleza de su juventud,
cuando estaba llena de sueños.
Así era ella,
empecinada en encontrar
un amor restaurador.

Entre poemas y pinturas

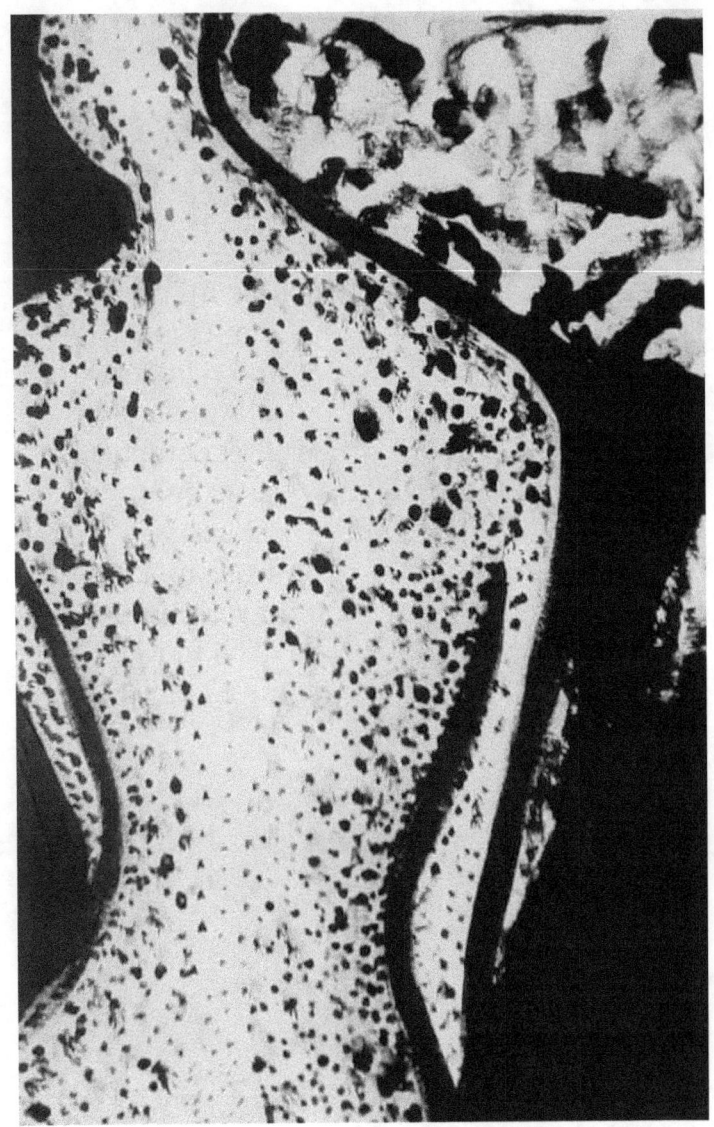

Sombras del encuentro

## 10.

Sueños de mi atardecer
no tengo,
camino a la deriva
sin meta.
Perdí el equipaje,
la brújula,
el mapa.
Mi pasaporte
no marca rumbos.
Liviana,
espero lo incierto.

## 11.

La caricia
susurra en su piel,
la eriza,
le da calidez.
Trastoca la inercia
de su soledad,
con potencia de vida,
encuentro,
con otro.

## 12.

Pájaros que florecen,
árboles alados,
mares de hielo,
montañas derretidas.
ilusiones y locuras
de amaneceres con luna
y sol en las noches.

## 13.

En la cuna del silencio
un estrépito
de fuegos artificiales
horada la quietud.
Nada vuelve
al mismo lugar
ni del mismo modo.
Movimientos
y fugas
trastocan lo que era
y ya no es.
Nace la sonrisa
como fiel amiga
de la alegría
y el brillo en los ojos.

## 14.

En lo oscuro
del desamparo
soltaste el hilo
que te ataba
al sufrimiento
y te perdiste
en el cielo
barrilete cósmico.

## 15.

La luna
enciende la noche
con arabescos estelares
y un despropósito
de sensaciones
hace rizoma
entre los cuerpos.
El sol en ciernes
apaga la lujuria
de la nocturnidad,
desenredando
fusiones,
suspiros,
encuentros.

Entre poemas y pinturas

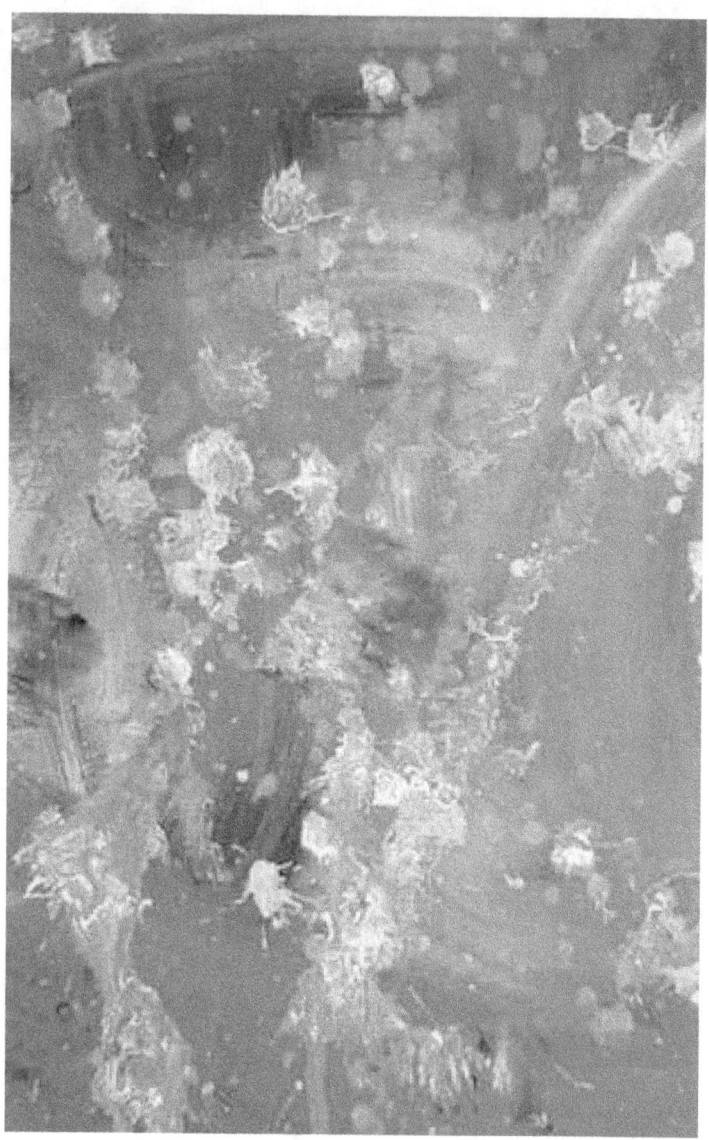

Sensaciones

## 16.

El titiritero
encontró un rulero.
Le cosió un vestido
con tela de seda
y fabricó la cabeza
con una moneda.
Palitos de helado
pegó a ambos costados
y agregó cabellos
con hilos dorados.
Ahora el rulero
se cree señora,
lleva una cartera
y muchas pulseras.

## 17.

Se mueven.
No sé si bailan
de alegría
o tiemblan
por el empuje
del viento.
Las imagino libres
al sol,
ante la lluvia.
Su titilante verde
me deslumbra.
Pequeñas hojas
de un añejo árbol
que despiertan
mis sentidos.

18.

Los pájaros
me susurran
al oído
palabras esquivas
a los edificios,
el cemento,
la ciudad.
Dicen que el sol
hoy nació.

## 19.

El tiempo
se apodera
de los triunfos
y las derrotas,
las alegrías
y las pérdidas,
el amor
y el odio,
lo desconocido
o lo esperable,
efímero
o eterno.

## 20.

La ausencia
sabe
a ciruelas amarillas,
huele
a jazmines,
suena
cual pájaros cantores.
Es espera
sin premura,
placer
de una soledad
desnuda.

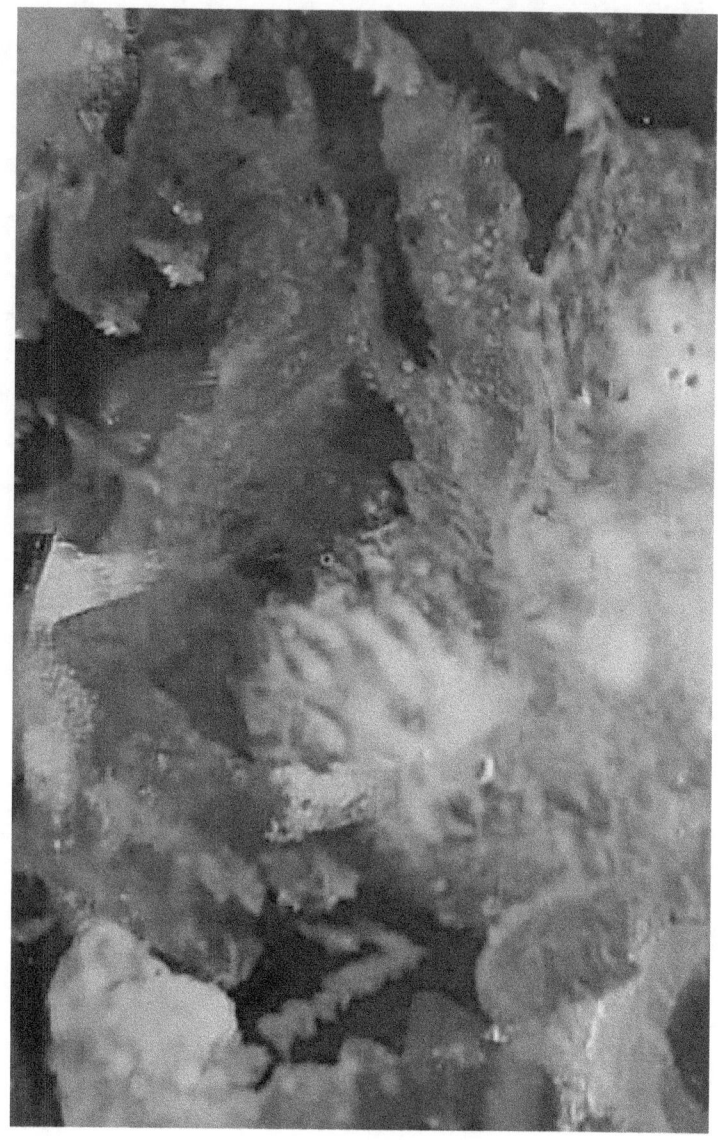

Pasión invernal

## 21.

El erotismo
tocó
a su puerta.
Descubrió
zonas recónditas,
surcó huellas,
desoyó prejuicios
y suspiró
olvidos.
Nada
quedó igual
en su piel
y su alma.

## 22.

El río
se calla.
Los camalotes
duermen
soñando
con aves,
nutrias
y duendes.
Los árboles
se calman,
flameando
con tibieza
y holgazana
sintonía.
Las olas
no presentes
riman
con el recuerdo
de monstruos
enfurecidos
y salvajes.

## 23.

Se arrojó
sin reparos
siguiendo
su curioso
e intrépido
instinto.
Hace tiempo
que la nada
la convocaba
y el hastío
de vulgares
desencuentros
frecuentaba.
Él no era
un príncipe azul
ni estaba
en el vaticinio
de ninguna bruja.
Podía ser
blanco,
rosa
o lila.
Y tan imprevisto
como todo
lo que sucede
de verdad.

## 24.

Gotitas de lluvia
pisaron el pasto
y corrí hacia afuera
a saltar los charcos.
La tierra mojada
me prestó su olor,
me sentía libre,
casi sin temor.
Un rayo muy serio
me retó enojado
y entré a mi casa
requete asustado.
Mamá me esperaba
con un alfajor,
un abrazo cálido
y un baño de amor.

## 25.

Ella se fue
como se van
las mujeres
valientes.
No pidió
explicaciones,
no las necesitaba.
El amparo
nunca estuvo
entre sus aliados
y sabía muy bien
arreglárselas sola.

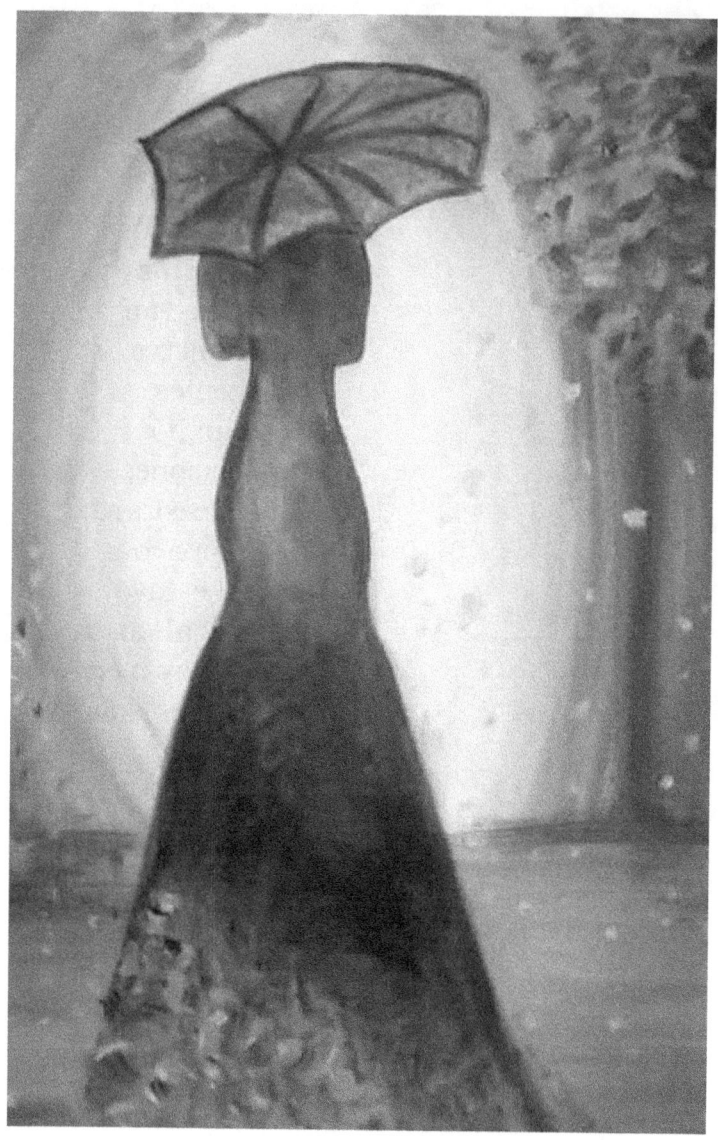

Otoño iluminado

## 26.

Se rompieron
las copas,
estallaron
las miradas
y el lecho
se quebró
en trozos
de olvido.
Sólo su espejo
sobrevivió
al despojo.
Se vio
entera
y a salvo.

## 27.

Tu voz
insiste
en mi cabeza.
Vestigio
de instantes
fugaces
y plenos
que me resisto
a perder.

## 28.

El riesgo
es la llave
de lo inédito,
el precio
que pagamos
para alcanzar
anhelos
y desvelos.

## 29.

Mi memoria
parpadea
y me trae
un híbrido
de escenas
con ciruelas
amarillas,
chispas
de fuego lento
y la calma
del aloe vera
sin espinas.
Quiero quedarme
en ese limbo
de emociones,
ternura
y amaneceres
con sol.

Entre poemas y pinturas

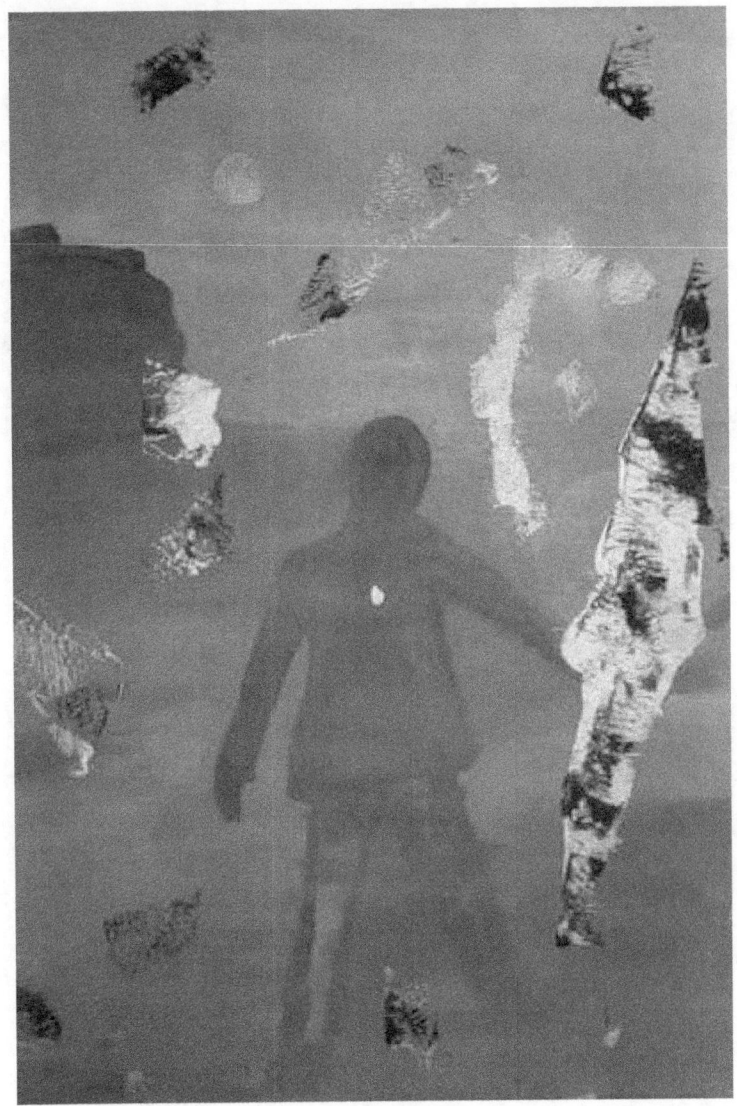

Sincrodestino

## 30.

Se siente gris.
Las lágrimas
están petrificadas
en los ojos.
Sobrevuelan
murciélagos
en el alma.
La traición
ha robado
una intimidad
que ya no existe.
Él es otro,
un desconocido,
lo siniestro.

## 31.

Resplandor,
el cielo límpido
cae sobre
las mesas.
Murmullos
de un pasado
con distancias
cobran vida
a mi alrededor.
Se escucha
el latido
de amistades
y rencuentros
que la pandemia
no pudo matar.

## 32.

Bichitos de luz
encienden el cielo.
Me acuesto
panza arriba
para ver si llegan
los renos.
Le pedí
a Papá Noel
un montón
de regalos.
No importa
si no me los trae.
Tengo a todos
los que amo.

## 33.

Fiel testigo
de tu ausencia
la ilusión
devino crepúsculo.
El corazón
volcó
y una taza vacía
reza al destino
sin pasión.

## 34.

Un mantel
a cuadros,
mate cocido
y dulce de guayaba
junto al pan.
Silencio,
contemplación,
quietud.
Remanso
de una tierna vejez
bajo los tilos.

## 35.

Dejó
sus sentimientos
a la intemperie
con la espontaneidad
de su genuina
simpleza.
Ella sintió
el frío
de la noche,
el viento,
la lluvia,
y el sol
brillando
en sus ojos
y su corazón.

Entre poemas y pinturas

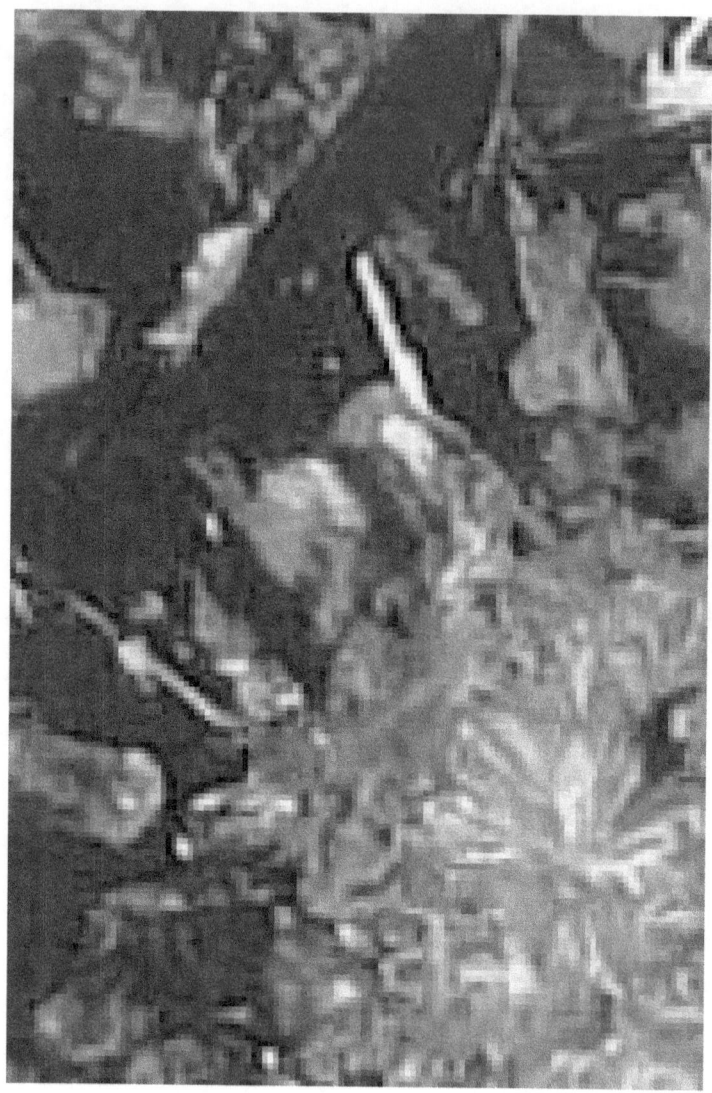

Big Bang

## 36.

No me esperes
cuando lluevan
las cenizas.
Huiré lejos,
cerrando
los ojos,
escondiendo
el dolor
de lo que fue
y ya no es.
Elijo recordar
el fuego,
que no exista
historia
ni olvido
del abismo.

Entre poemas y pinturas

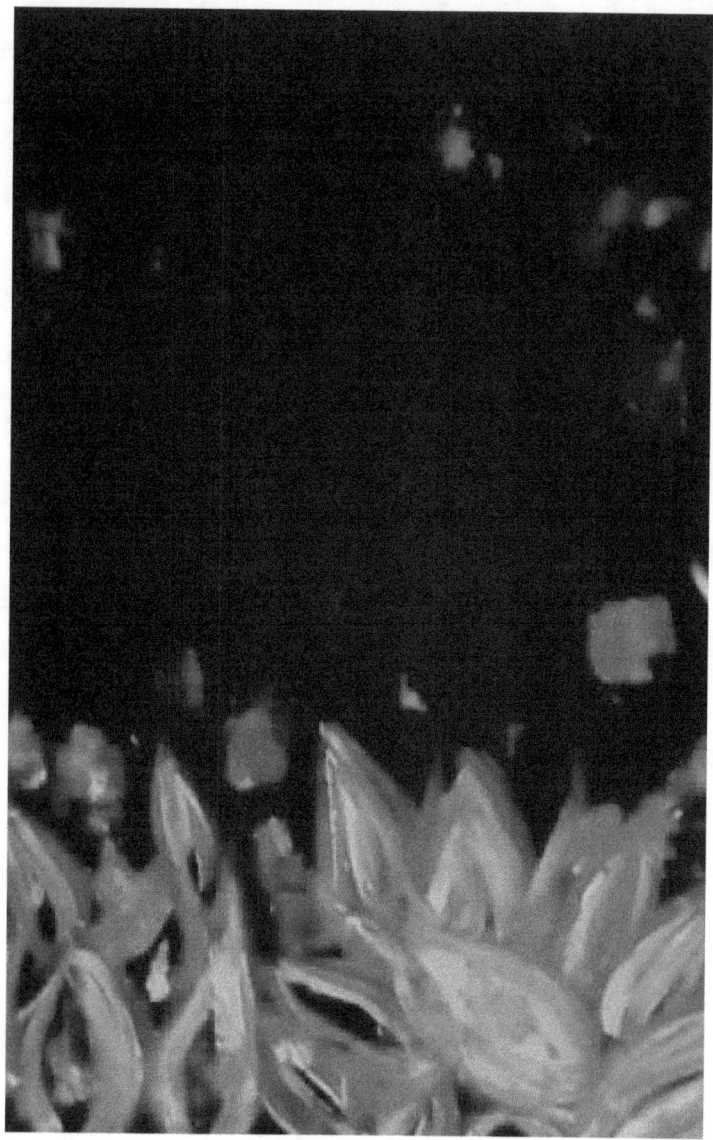

Fuego

## 37.

La utopía
es territorio
de la creencia,
la perseverancia
y la valentía.

## 38.

Si me pierdo
en tus miradas,
no me encuentres.
Si me hundo
en tus relatos,
no me rescates.
Si me apresan
tus labios,
no me liberes.
Tu ser,
mi ser,
dos haciendo
uno.

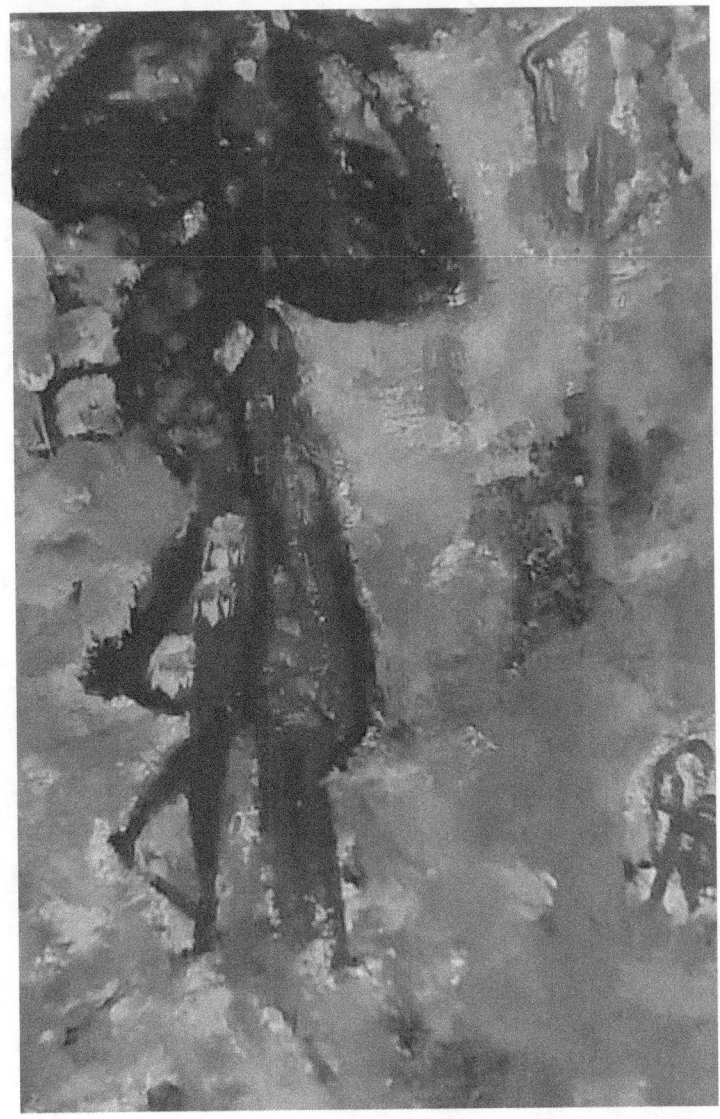

Te propongo

## 39.

Vestida
con tus ojos
escalé montañas,
crucé puentes,
construí rascacielos.
Fui potencia,
sol
y perfume.
Ellos
se fueron,
pero la ropa
me pertenece.

## 40.

El titiritero
encontró
una nuez
y pensó hacer
un hombre
en su vejez.
Le pintó
los ojos,
boca
y nariz.
Y fabricó
su traje
con tela
de tapiz.
Ahora la nuez
se cree
caballero.
Usa bastón
de fósforo
y un lindo
llavero.

## 41.

Etérea,
encantadora
de historias,
a veces insolente
como relámpago
en el cielo.
Sin límites
para sus sueños,
frágil
y fuerte.
Caminaba
por la vida
regalando
belleza.

Entre poemas y pinturas

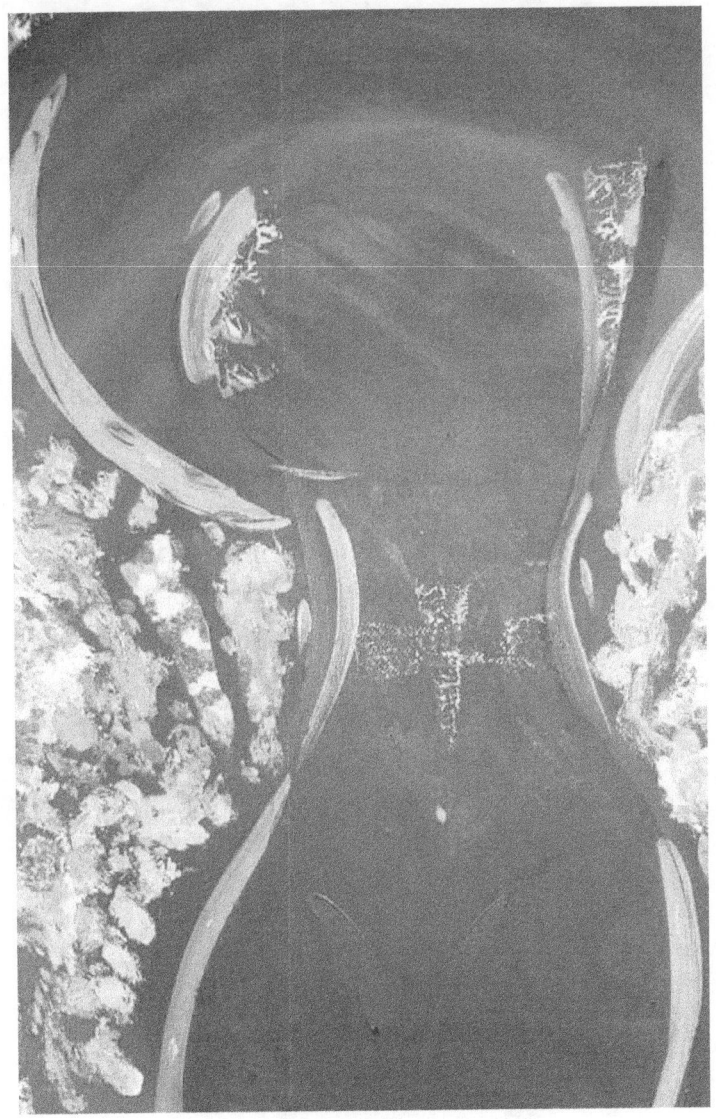

Cerradura cósmica

## 42.

Mis manos
temblaban
y mi cabeza
trataba de apaciguar
los temores
de toda primera vez
cuando se posó
sobre mi hombro
dejándome un mensaje.
Volátil hoja
con forma de corazón
y su verde fresco
y espontáneo.

## 43.

Morder la vida,
con todos los dientes,
agarrarla fuerte,
con las manos firmes,
cueste lo que cueste.
Porque el tiempo apremia
y llegan los dolores,
tantos sufrimientos
y al final la muerte.

Entre poemas y pinturas

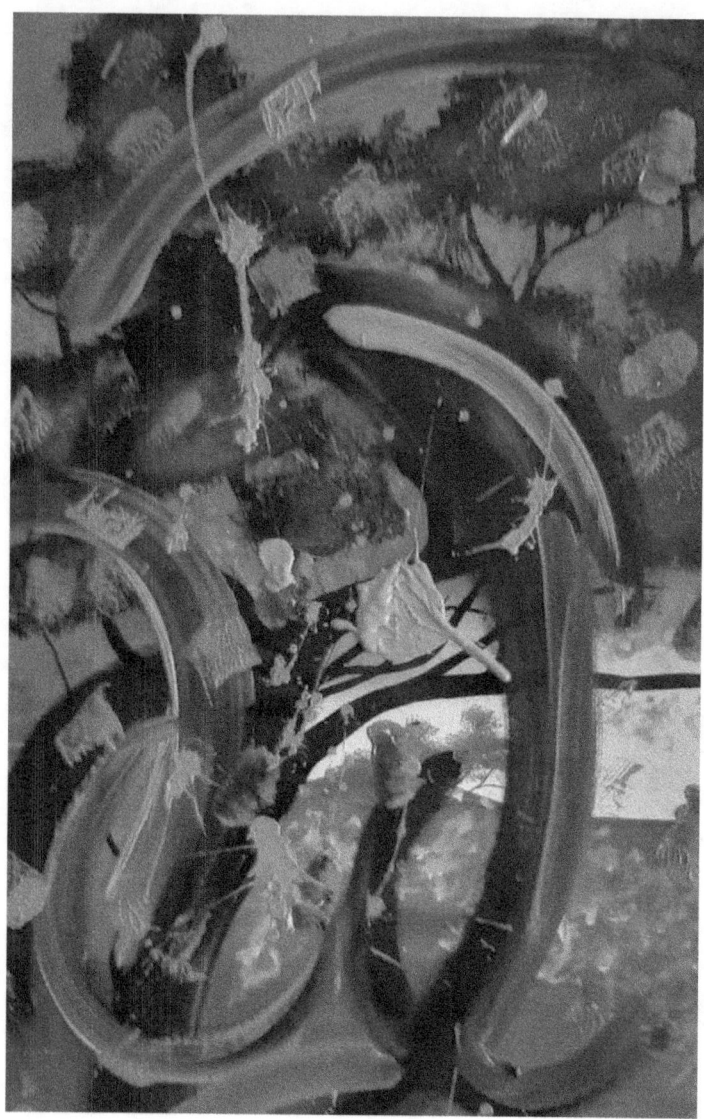

Espejismos

## 44.

La denostó
una y otra vez
haciendo
jirones
de su pecho.
Ella cosió
cada pedazo
silenciosamente
con hilos
de amor
y compasión
por sí misma
y, erguida,
le dijo adiós
a la violencia.

## 45.

Inefable ilusión
que late
bajo la arena
del desierto,
brote verde brillante,
gota límpida,
transparente,
sosiego,
esbozo de plenitud
y consuelo,
viajo a tu mirada
y en ella me quedo.

Entre poemas y pinturas

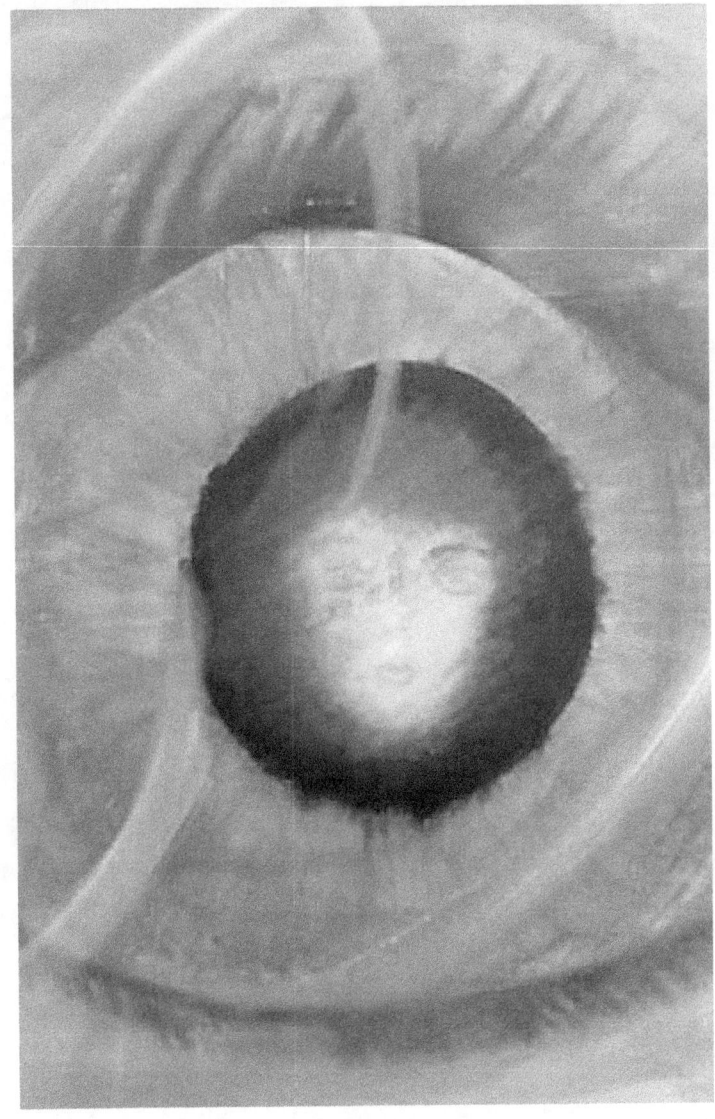

Vidas pasadas

www.ingramcontent.com/pod-product-compliance
Lightning Source LLC
Chambersburg PA
CBHW070130230526
45472CB00004B/1498